PETITE COLLECTION " SCRIPTA BREVIA "

MARCEL BOULENGER

La Querelle de l'Orthographe

PARIS
BIBLIOTHÈQUE INTERNATIONALE D'ÉDITION
E. SANSOT et Cie
53, Rue Saint-André-des-Arts, 53

1906

LA QUERELLE
DE
L'ORTHOGRAPHE

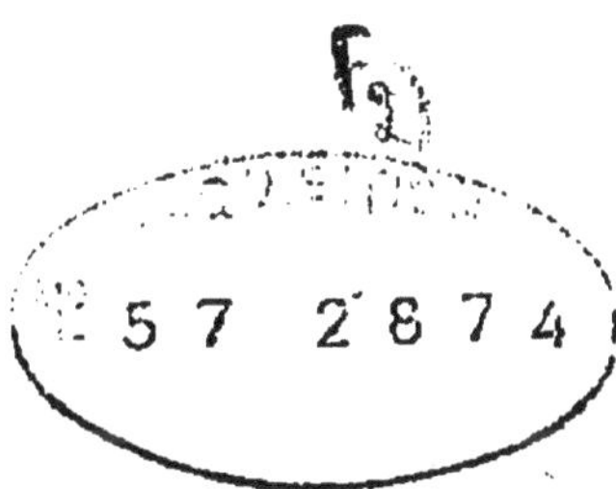

PETITE COLLECTION " SCRIPTA BREVIA "

MARCEL BOULENGER

La Querelle de l'Orthographe

PARIS
BIBLIOTHÈQUE INTERNATIONALE D'ÉDITION
E. SANSOT et Cie
53, Rue Saint-André-des-Arts.

1906

La réforme de l'orthographe peut nous être imposée demain par ordre. Le Ministre est un puissant dieu. Mais la querelle de l'orthographe, en revanche, peut durer indéfiniment. Elle a mis jusqu'ici en présence, d'une part l'Académie Française, les gens de lettres et une grande majorité d'hommes raisonnables ; d'autre part, un bataillon de fougueux philologues et de chartistes indomptés.

Les quelques pages que voici furent publiées, au cours d'une première crise, dans la Revue Bleue *et la* Revue de Paris. *L'auteur ne se figure nullement qu'elles serviront le parti dont il est. Il sait bien que ce qu'on nomme politiquement « le progrès » est inévitable. Mais il n'ignore pas non plus que, même votées par tous nos parlements, les lois échouent et tombent devant le bon sens populaire, quand elles sont trop iniques ou trop choquantes,*

Puis il ne faut jamais déserter un combat, dût-on n'y jouer, dans le rang, que le rôle du plus modeste fusilier.

M. B.

Avril 1906.

LA QUERELLE de L'ORTHOGRAPHE

I

Il est permis de croire qu'on ne sait pas très bien, chez nous, ce que c'est qu'un philologue. On n'en a qu'une idée confuse et prestigieuse : celle, par exemple, d'un homme âgé, très savant, qui fait des cours à la Sorbonne ou au Collège de France, et qui parle couramment le latin, le grec, l'hébreu et le sanscrit, non moins que toutes les langues vivantes, sans en excepter les dialectes hindous, ceux des Lapons ou des nègres d'Afrique, et même aussi le français, notre français. Dès lors, qu'arrive-t-il? C'est qu'à la moindre inquiétude, pour la moindre hésitation, pour le plus insignifiant problème à propos de grammaire ou d'orthographe, on court se jeter aux pieds d'un pareil polyglotte : « Ah ! mon cher maître, tirez-nous d'embarras ! Comment ferons-nous en tel ou tel cas pour écrire, pour parler notre langue? »

Eh bien, cette étrange coutume, qui depuis peu devient la nôtre, d'attribuer aux philologues quelque autorité en matière de langage contemporain, alors qu'il n'y a pas la moindre raison pour cela, prouve jusqu'à l'évidence qu'on ignore entièrement, dans le public, dans les journaux, parmi les lettrés eux-mêmes, et malheureusement aussi au ministère de l'Instruction publique, la nature des services que ces messieurs des Chartes et de l'Université se trouvent en état de rendre à leur pays. Car on leur prête des lumières qu'ils n'ont point nécessairement, un tact, un jugement raffiné — ne s'agit-il pas en effet de décider, de choisir, dès qu'on dispute du langage courant ? — un goût enfin que leurs études spéciales ne doivent pas du tout leur avoir forcément donnés. S'il arrive qu'un linguiste éminent témoigne parfois d'un dilettantisme délicat et d'une vive sensualité artistique, c'est par une coïncidence dont il doit rendre grâces aux Muses divines, mais non par un effet de ses longues et implacables, on pourrait même dire brutales études. M. Michel Bréal, par exemple, montre en toute occasion un sens exquis de la langue française, de son charme, de sa dignité, de sa grâce; lui-même l'écrit avec une perfection, une aisance bien savoureuses : cela vient de ce qu'il naquit doué de susceptibilités inconnues à trop d'autres, et point de ce qu'il apprit le syriaque,le chaldéen,le celtique ou le provençal. M. Paul Meyer, au contraire, solennellement consulté voici quelques mois sur l'orthographe, décida qu'il fallait être dorénavant raisonnable, et par conséquent tout bouleverser : un écrivain, un amoureux, ou, si c'est trop dire, un simple amateur de notre littérature nationale n'eût jamais rien souhaité de tel. Mais pourquoi voulez-vous que M. Paul Meyer préfère le français au basque ou au chinois? Non, la raison d'abord, la beauté, la « littérature » ensuite, dans l'esprit d'un philologue. Le regretté Gaston Paris avait, lui aussi, toujours rêvé d'une réforme orthographique. Mais, justement, cet admirable érudit montra-t-il jamais en ses écrits qu'il comprenait les nuances dernières ou la personnalité des mots, la splendeur presque « visible » de certaines phrases, la désinvolture, la « race » de tel ou tel tour de syntaxe ? Et aussi bien, ce n'était pas son métier que de savoir écrire. Il avait mieux à faire, si l'on veut, autre chose en tout cas.

La philologie est une science exacte, au sens rigoureux du terme. Et le philologue apparaît comme un logicien redoutable, le plus souvent même irascible, qui, aprés avoir observé, au cours d'un héroïque et continuel travail, la décompositon des vieilles langues et la formation des jeunes, en déduit des régles générales avec ce que l'on nomme une élégance mathémathique. Si bien que demander à l'un de ces naturalistes austéres son opinion sur une question qui touche à la bonne grâce ou à la belle tenue du langage contemporain, c'est un peu la même chose que d'interroger, je suppose, un géomètre sur un dessin de Michel-Ange, ou un expert chimiste en couleurs sur un tableau du Véronèse.

Si l'on voulait prendre un avis au sujet d'une réforme orthographique, c'était à des grammairiens qu'il fallait s'adresser — ou du moins à des écrivains, puisqu'il n'y a plus à notre époque, hélas, de grammairiens ! Au XVIe siécle, les humanistes, qui étaient des philologues, se mêlérent de régenter dans le dialecte commun. Quelles sottises compliquées n'y ont-ils point commises ! Aujourd'hui, voici que les érudits se veulent de nouveau remettre à triturer nos pauvres mots... Craignons tout. Et regrettons le temps où l'on publiait parfois des grammaires françaises, le

XVIIe, le XVIIIe siècles, la première moitié du XIXe. Pleurons le monde académique où l'on s'ennuyait, mais où l'on avait le goût très difficile et très sévère; pleurons les vieux Messieurs qui usaient avec grâce de l'imparfait du subjonctif, les salons où l'on causait prétentieusement et finement, le dos à la cheminée, et la « bonne société », délicate, peu pressée, qui créait l'usage, et les académies de précieuses qui critiquaient celui-ci, le sanctionnaient, et les curieux du beau parler, et M. de Vaugelas... Combien il nous manque aujourd'hui, M. de Vaugelas!

Un grammairien n'entend point les idiômes étrangers, non plus qu'aucun dialecte aboli, non plus que les patois. Il n'a qu'un ennemi : le jargon; qu'une passion : l'expression pure, la phrase exquise; qu'un seul maître : l'usage... Il conserve pieusement, surveille, répare, dirige le langage noble ou familier; il rapproche des exemples, écoute des sons, choisit entre les exceptions, s'arrête tendrement sur quelques gallicismes, puis ayant bien travaillé, s'endort chaque soir, las, mais fort content de sa journée : il a formulé de belles règles. C'est le fleuriste de La Bruyère, en extase devant ses tulipes.

Consultez un tel homme. Demandez-lui s'il faut modifier brusquement l'aspect sous lequel, à peu de chose près, se présentent à nous depuis trois siècles tant de chefs-d'œuvre, honneur et merveille de notre littérature ? Il restera saisi d'indignation, de stupeur en face d'un pareil attentat ! Tandis que le philologue va nous répondre au contraire : « L'orthographe est absurde, illogique ; donc, réformons-la. Nous vivons dans un siècle de progrès scientifique. Fi des préjugés ! Négligeons les sensibleries des retardataires. Les ornements inutiles, les colifichets ne servent à rien. Brûlons tout cela... » M. Homais, dans sa pharmacie, entend ce valeureux conseil. Le voilà dans l'enthousiasme ! Et il écrit aussitôt à son député pour exiger le « chambardement » de l'orthographe, héritage révoltant de l'ignorantisme féodal.

Or tout changement soudain imposé par décret dans un langage, cet organisme *vivant*, ne peut-il pas se comparer à une opération difficile faite à la hâte par un barbier de village? L'opéré en demeure estropié, si encore il n'en meurt pas.

D'autant que ce serait une violence bien inutile, un vandalisme gratuit. Les partisans d'une réforme peuvent en effet se rassurer : beaucoup moins vite, il est vrai, que la syntaxe et que les mots eux-mêmes, l'orthographe toutefois se transforme spontanément, elle aussi, au cours des siècles. Elle est déjà devenue plus uniforme, et un peu plus simple qu'au XVIIIe siècle, et surtout qu'au XVIIe. Il suffit de laisser agir ici l'usage et la foule : une manière d'écrire un certain mot, d'abord défectueuse, se répand petit à petit. Au bout de plusieurs années, les grammaires notent une tolérance, puis une forme nouvelle, et c'est admis. Mais il y a moins de différence entre quelque billet sorti, au commencement du grand siècle, de la plume la plus fantaisiste en fait d'orthographe et notre écriture actuelle, qu'entre cette dernière et celle qui nous serait imposée demain, et l'on suivait le vœu des « réformistes » !

Leurs arguments ne valent pas grand'-chose, en vérité. Le principal, le meilleur en apparence, c'est celui qu'ils tirent de l'absurdité. Car les ennemis de l'orthographe ne cessent de la proclamer absurde. Mais c'est vraiment trop simple, ce reproche! Et surtout, comme il est barbare! Lorsqu'on parle à une seule personne, et que néanmoins ou lui dit « vous »; quand on s'efface pour laisser passer un égal devant une porte; si même, à l'éternuement de quelque interlocuteur, on répond encore cérémonieusement: « A vos souhaits » — tout cela n'est-il pas bien absurde aussi? Voilà pourtant certains usages qui ne choquent point, et que nul n'a jamais songé à réformer. Il y a dans « l'usage » quelque chose d'affectueux, de vénérable, de délicat, et qui touche. L'orthographe, comme la grammaire, y trouve après tout sa force de loi. Concédons à des logiciens, s'ils y tiennent, que cela est absurde...

Puis, disent-ils, les lettres qui ne se prononcent pas, le *t* de *battu*, l'*a* de *paon*, le *d* de *nid*, ne servent à rien. Pourquoi les conserver? Eh, pourquoi donc aussi la mousse aux creux des fontaines, l'herbe dans les allées perdues, le lierre sur les maisons, les écussons au-dessus des vieux portails? Cela ne sert pas davantage. Cette église admirable, mais qui est aujourd'hui trop grande pour le hameau, et qu'on abandonne, il faut l'abattre. Il y a des girouettes curieuses, là-haut, sur le toit: personne ne les consulte; jetons-les par terre. Cela va de soi, cela ne saurait être évité, on doit tout saccager sous prétexte de progrès.

Les réformistes soucieux de sembler instruits ajoutent que l'orthographe a été fabriquée par des pédants qui gâtent le vieux français. Et ils veulent recommencer une œuvre toute semblable, à la façon de ces architectes à jamais haïssables qui, pour rétablir un château dans sa forme gothique par exemple, projetteraient de démolir toutes les parties charmantes que la Renaissance, le XVIIe, le XVIIIe siècles et l'Empire y avaient par la suite ajoutées. « Le XVIIe siècle, écrivit Renan (qui n'était pas, lui, qu'un philologue !) (1) le XVIIe siècle sabrait le moyen-âge, sans se douter qu'un jour cet art barbare, incorrect, souvent sauvage, aurait son prix. On détruit maintenant le XVIIe siècle comme fade et sans caractère. Qui sait quel sera le goût de l'avenir, et si le XIXe siècle ne sera traité de vandale à son tour? Il n'y a qu'une manière sûre pour n'être pas traité de vandale : c'est de ne rien détruire, c'est de laisser les monuments du passé tels qui sont. L'Italie (2) avec ses contrastes éloquents ou bizarres, nous paraît si belle comme elle est, que nous ne voyons plus sans crainte porter la main sur une partie quelconque de

(1) « *Mélanges d'histoires et de voyages : Vingt jours en Sicile* ».

(2) **Lisez ici : « La langue française... »**

ce décor merveilleux, même sur les parties mauvaises, même sur le rococo ».

Cependant les adversaires de l'orthographe traditionnelle s'appuient en outre sur deux autres raisons, d'un ordre plus pratique. Les étrangers, prétendent-ils, éprouvent beaucoup de difficultés à écrire notre langue, hérissée de chinoiseries grammaticales. Ils s'en trouvent gênés, et dès lors s'en servent moins volontiers. Allons donc! Les étrangers écrivent en leur idiôme le plus souvent, s'il s'agit de commerce. Ceux d'entre eux qui veulent traiter de littérature, de critique ou d'art, savent tous le français, et s'en servent très naturellement. Le français est la langue littéraire universelle. Nos écrivains ont mené, ont charmé le monde, et leur prestige dure encore. Qu'on nous laisse au moins intacts les mots magiques avec lesquels nos maîtres, jadis, ont su faire des miracles.

Enfin, voici venue la dernière, la grande, la toute puissante raison, le fin du fin : on déplore que les enfants perdent à apprendre l'orthographe un temps considérable, temps qu'ils pourraient employer à se perfectionner dans l'étude de la mécanique, de la géographie, de l'anglais, de l'allemand, de la banque, du courtage, de l'éloquence politique, sinon à se former déjà dans l'art de plonger un doigt ingénieux au milieu de l'assiette au beurre, comme on dit. Evidemment, voilà qui est fâcheux. Mais pourquoi tant de futurs brasseurs d'affaires, d'apprentis conseillers municipaux ou d'élèves coulissiers apprenent-ils l'orthographe? Nul ne serait peiné qu'ils ne la connussent point. Ou si, dans un Etat sérieux et bien organisé, il est intolérable qu'une inégalité quelconque, en principe, se puisse établir entre les citoyens, fût-ce en la façon matérielle d'écrire un billet, ne saurait-on donc en ce cas engager tout simplement tous les juges d'examens (sauf peut-être ceux de licence, d'agrégation ou de doctorat ès-lettres) à se montrer sur ce point d'une tolérance et d'une indulgence extrêmes?

Une faute d'orthographe, quelle importance cela peut-il avoir? Aucune. Les femmes y font preuve d'une imagination imprévue et délicieuse. Admettons leurs libertés, leurs fantaisies. Mais que, pour alléger la besogne des instituteurs primaires, on s'en vienne officiellement et solennellement mettre en péril les mots ciselés, amenuisés ou empanachés, que nos aïeux nous ont transmis — non vraiment, ce serait un forfait de sauvages, un acte de bien pauvre patriotisme et presque une félonie!

Soyons charitables en matière d'orthographe, ne comptons plus sévèrement les fautes, gardons-nous même d'en sourire, pardonnons à toutes les licences — mais ne dépouillons pas follement nos mots français de tout ce qui leur prête du caractére, du charme ou de la beauté.

Que dirions-nous d'un homme qui, sous prétexte de logique, voudrait supprimer la barbe à tous les bustes du roi Henri IV, la perruque à toutes les statues de Louis XIV? Bien mieux, que nous semblerait-il d'un héritier qui, afin de sarcler les mauvaises herbes du jardin de ses pères, y couperait en même temps toutes les fleurs, et bientôt tous les arbres? Ah, ne nivelons pas, ne ruinons plus rien! Le monde est déjà bien assez laid.

Et surtout, ne consultons plus désormais que les gens de goût, à défaut des grammairiens qui nous manquent, quand il s'agira de notre langue française. Laissons les philologues à la philologie. A chacun son métier, s'il vous plaît.

II

Pouse par l'insaciáblɛ dezir dɛ savoir, qu'a mis an lui la Natûrɛ, l'hômɛ avâncɛ fievrɛûzemant dans la decouvértɛ dɛ tous les problèmɛs qu'il lui est done dɛ rezoûdrɛ. Déjà, la vapɛur et l'electricite lui obèisɛnt...

JEAN S. BARÈS,
L'ortografe simplifiée, Paris, 1898, in-12, p. 18.

Une société malade peut se tromper sur les causes de son mal, mais èle sait toujours d'avance qels sont ceus qi doivent recueillir son éritage. Une vois secrète, un infaillible instinct les lui désigne, et on les nome les ènemis de la société. Le monde antiqe se sentit menacé dès le jour où le cristianisme eut un nom dans l'istoire. Sous Néron, l'incendie de Rome est atribué aux cretiens...

LOUIS MÉNARD
Les qestions sociales dans l'Antiqité,
Paris, 1898, *in*-8°, *p.* 10.

Décidément, il avait la fièvre. Tout ça, c'était des bètizes... Quoi ! parceque ce Flamand avait dit, en plaizantant à coup sûr, qu'il voulait se marier avec Lize, il était parti à se forjer toutes sortes de chimères, à se creuzer bien inutilement la cervèle... Il n'y falait plus penser ! C'est pourquoi le jeune home ne pensa plus à autre choze... Èle n'avait cessé de lui témoigner l'afecsion sincère et dévouée d'une sœur... Les trois fames, une fois le couvert enlevé et tous les objets nétoyés...

Le Réformiste, 15 décembre 1902, feuilleton.

Faizons que la Justice. en cète république,
Sa balance en éveil, pezant comme il convient,
Détermine la part qui à chacun revient,
Dans les charjes d'État, la fortune publique.
Banissons la Routine, un moral esclavaje,
Faizons du producteur le hardi combatant
Qui doit produire plus sans dépenser autant,
Pour qu'il vende moins cher, en gagnant
[davantaje.

Le Réformiste. 15 mai 1905.

Les fames sont extrèmes : èles sont meilleures ou pires que les homes. Fédon a les yeus creus, le teint échaufé, le cors sec et le visaje maigre. Cète fatuité de quelques fames de la vile, qui cause en èles une mauvaise imitacion de cèles de la cour, est quelque chose de pire que la grosièreté des fames du peuple et que la rusticité des vilajoizes : èle a sur toutes deus l'afectacion de plus.

Orthographe nouvelle selon le Rapport de M. Paul Meyer.

Tel est l'aspect aimable sous lequel certains réformateurs souhaiteraient que désormais le français fût écrit. Nous avons tous appris, avec plus ou moins de peine, notre grammaire française et la façon dont il convient de former les mots sur le papier. Nos enfants continuent présentement à épeler, à lire, puis à se mettre en tête un certain nombre de règles et d'exceptions : ce travail, comme d'ailleurs tout autre, leur semble fastidieux, et l'on peut croire qu'ils préféreraient s'en aller jouer aux barres, à la toupie ou à la poupée. Mais enfin ils s'y sont accoutumés, et depuis un siècle ou deux, beaucoup d'entre eux sont devenus par la suite de grands hommes dans les sciences et dans les lettres, sans que l'étude de l'orthographe semble avoir retardé de façon appréciable le développement de leurs jeunes cervelles. Mais les philologues pensent que tout n'est pas pour le mieux. Leur zèle les pousse à préserver la France d'un grand et prochain désastre : et une commission présidée par M. Paul Meyer, directeur de l'École des Chartes, a soumis au ministre de l'Instruction publique un projet de réforme orthographique.

Le ministre timide n'a pas accepté ce projet d'emblée. Il a consulté l'Académie française, qui, dans sa séance du 9 mars 1905, a décidé de ne rien modifier à son Dictionnaire, tout en admettant, comme il est raisonnable, une tolérance pour cent cinquante mots d'une « graphie » par trop injustifiable. Telle est l'opinion de l'Académie, cette « Académie de romanciers et de poètes », comme la qualifie avec mépris M. Louis Havet (*Revue Bleue*, 11 mars 1905). Le Conseil supérieur de l'Instruction publique doit encore être saisi de la question. Même si cette haute assemblée repousse les mutilations de la langue française, dont elle a mission de surveiller et de diriger l'enseignement, il nous faudra cependant tout craindre encore des phonétistes. « Ne peut-on s'adresser directement au ministre ? Ne peut-on faire triompher malgré l'Académie les idées phonétiques, dont les adversaires ne disent et n'ont jamais dit que des sottises » ? Ainsi s'exprimait M. Paul Meyer dans une conférence aux Sociétés savantes. (1)

Toutefois, ne prêtons pas à tous les philologues « réformistes » des opinions qui ne sont pas encore les leurs, ni des desseins entièrement révolutionnaires auxquels ils ne songeront, ou auxquels ils n'auront fait songer que dans quelques années : ils ne demandent pas encore que le français s'écrive en orthographe absolument phonétique, c'est-à-dire en ne traduisant pour les yeux que les sons perçus par l'oreille, « comme il se prononce ». La plupart des réformistes s'en tiennent pour l'heure à un certain compromis entre l'état de choses actuel et un état « selon la raison », qui

(1) Dans une brochure intitulée *Pour la simplification de notre orthographe* (Delagrave, 1905), et tout récemment parue, M. Paul Meyer termine son exorde en quelques mots : « J'ai montré, dit-il, que les objections qu'on nous fait sont sans portée aucune. L'obstacle qui nous est opposé n'a qu'un nom : routine. Nous le briserons. » Et M. Louis Havet précise sa pensée, dans le *Temps* du 11 avril 1905, touchant l'Académie française. D'abord, celle-ci a l' « *instinct du flou* ». Puis, on ne trouve parmi le rapport où « elle s'essaye à raisonner », que des oripeaux qui « habillent le vide ».

serait beaucoup meilleur à leur gré. Ils ne veulent que supprimer la plupart des lettres qu'ils trouvent inutiles, celles dont on ne tient pas compte en parlant. Respectant la tradition quand elle ne les gêne pas, ils souhaitent seulement qu'on l'oublie chaque fois qu'une simplification rapprochera l'écriture de la prononciation. Ils sont satisfaits de constater qu'une telle opération est logique, et ils admirent la sûreté d'une méthode qui leur permet de défigurer notre style écrit, en faisant gagner aux enfants trois ou quatre mois sur les huit ou dix ans que ceux-ci passeront dans les collèges.

Précisons mieux encore. Les réformistes nous apportent un projet de révolution dans la langue française écrite, ils demandent que nous l'acceptions ; ils veulent que le gouvernement l'adopte ; cette révolution est légitime, disent-ils en tant que savants ; elle sera bonne et utile, ajoutent-ils en tant que simplificateurs démocratiques.

***

Contredire des savants, des philologues, ne va pas sans danger. C'est entrer dans le parti qu'ils nomment avec dégoût celui des journalistes, celui de la « gendelettrerie (1) ». Il faut pourtant reconnaître que leur manière d'envisager la question, comme savants, n'est pas irréprochable.

Ils nous proposent une réforme au nom de la Science. Or, il existe des sciences que tout le monde connaît, au moins de nom, mais la Science ! Dans le domaine seulement des philologues et des linguistes, quarante sciences peut-être, nées ou à naître, devront concourir à nous révéler l'histoire et les lois de notre langue française. Depuis un siècle, une ou deux de ces sciences ont commencé leur besogne et, moins dans les faits acquis que dans les méthodes assurées, ont progressé, lentement progressé. En tête de sa belle *Histoire de la Langue*

(1) M. Antoine Thomas, dans les *Débats* du 2 avril 1905, a lancé ce mot délicat.

française (1905), le dernier et le plus scientifique inventaire que nos philologues aient dressé de leur découverte en ces études, M. F. Brunot expose l'état notre philologie française au début du XXe siècle :

« Définissons la langue française. La continuation de ce que les savants commencent, pour plus de propriété, à appeler le *francien*, c'est-à-dire la forme spéciale prise par le latin parlé, tel qu'il s'était implanté à Paris et dans la contrée avoisinante, et tel qu'il s'y est développé par la suite des temps, pour s'étendre peu à peu hors de son domaine propre, dans tous les pays où des raisons politiques, économiques, scientifiques, littéraires l'ont fait parler, écrire ou comprendre.

L'histoire du français, ce sera donc d'une part l'histoire du développement qui, de la langue du légionnaire, du colon ou de l'esclave romain, a fait la langue parlée aujourd'hui par un faubourien, un « banlieusard », ou écrite par un académicien. Nous appellerons cette histoire là l'histoire interne.

L'histoire de la langue française, ce sera d'autre part l'histoire de tous les succès et de tous les revers de cette langue, de son extension en dehors de ses limites originelles — si on peut les fixer. Nous appellerons cette partie l'histoire externe.

On aperçoit, par ces simples définitions, ce que contiennent l'une et l'autre de ces portions d'histoire. De Plaute à Labiche, quelle distance ! Tout ce qui fait une langue, les sons, les mots, les formes et les rapports de ces mots a été bouleversé.

Heureusement tout n'est plus à découvrir, tant s'en faut, dans cette longue et vaste histoire. D'abord, chose capitale, depuis les travaux de Dietz, la méthode est assurée : la phonétique contemporaine a fait apparaître une série relativement limitée de transformations progressives, naturelles, régulières, là où longtemps on n'avait vu qu'un chaos de phénomènes incohérents, arbitraires et contradictoires. Du coup la recherche méthodique s'est substituée aux témérités et à la fantaisie des hypothèses. Des mots, des formes rebelles à toute investigation ont livré le secret de leur origine et de leurs métamorphoses. Si bon nombre résistent encore, c'est que dans ce composé qu'est une langue, il faut que la science se résolve provisoirement à faire encore la part de l'inconnu, sinon de l'inconnaissable.

Mais malgré tout, sans parler de très regrettables lacunes, nous ne savons encore que des faits très gros, car nous ne connaissons guère les phénomènes que quand ils sont assez accusés pour se traduire dans l'écriture. Nous voyons bien *oi* se substituer à *ei* comme représentant de *e* long latin tonique libre, nous savons que cet *oi* apparaît dès le milieu du XIIe siècle, et qu'il n'a guère dû se produire d'abord qu'après certaines consonnes, que le changement est venu plutôt de l'Est, qu'il ne s'est pas étendu loin dans l'Ouest. Qu'est-ce que celà au prix de la réalité des faits ? A peu près ce qu'est pour un naturaliste la découverte de squelettes qui lui permettent de suivre la transition d'une espèce fossile à une autre espèce fossile, précieux document sans doute, mais qu'il voudrait compléter en voyant, en touchant, en disséquant les organes qui étaient avec ces os inertes et constituaient avec eux l'être qu'il devine.

La découverte de la phonétique expérimentale, telle que l'a créée M. l'abbé Rousselot, nous rend plus exigeants encore, avec ses instruments de précision, qui apportent dans l'analyse du langage contemporain l'exactitude des examens microscopiques, qui nous font voir de nos yeux, sur des graphiques où tout peut se nombrer et se calculer, les différences infiniment petites qui séparent les parlers, en apparence tout semblables, de deux compatriotes, qui nous montrent ainsi comment la succession insensible des phénomènes inaperçus vient, après des générations écoulées, aboutir à une transformation, celle-là sensible à l'oreille, telle que la phonétique historique nous en présente des centaines. Cette phonétique nouvelle nous fait sentir le vide immense, impossible à combler par des inductions, que laisse à la science la disparition des générations sur lesquelles on eût pu observer la modification progressive des phénomènes, dont nous ne connaîtrons jamais que l'état initial et l'état final.

Or, de toutes les parties de l'histoire de la langue, c'est incontestalement l'histoire des sons, la phonétique qui est la plus avancée, et cela est fort heureux, puisqu'elle est la base et la condition de toute recherche, lexicologique, morphologique ou syntaxique, que le développement d'une forme ou d'un tour s'explique très souvent par un fait de prononciation qui a atteint une syllabe, une désinence par exemple. Il n'en est pas moins vrai que l'histoire immatérielle de notre langage est en retard sur l'histoire matérielle. »

Ici, M. Brunot, esquissant l'histoire du mot français *manger*, nous montre quelles multiples transformations, physiques et mentales, ce mot a dû subir depuis le *manducare* des Latins jusqu'aux *manger du curé*, *manger la grenouille*, *manger le morceau*, de notre langue contemporaine.

« Il est une foule de mots dont l'histoire est infiniment plus compliquée que celle-ci, dont la provenance est obscure, incertaine, qui sont venus du dehors sous des formes difficilement reconnaissables, à des dates difficiles à déterminer, qui ont modifié ou quelquefois transformé leurs sens dans des directions différentes, qui ont subi d'autres accidents encore, réformations savantes, déformations populaires, qui ont péri, qui sont renés, ont été réintroduits du dehors, bref qui exigent, pour qu'on en puisse connaître la destinée, qu'on la suive dans toutes sortes de vicissitudes.

Or, c'est seulement quand un travail semblable à celui dont je viens de faire l'esquisse à propos du mot *manger* aura été fait sur chaque mot qui a appartenu à une époque quelconque à la langue, quand on aura répondu à toutes les questions que son histoire pose, de sa naissance à sa mort, qu'on aura établi et vérifié toutes les lois phonétiques, morphologiques, sémantiques, syntaxiques que le rapprochement de cette histoire avec l'histoire d'autre mots autorise à poser, qu'on en aura tiré toutes les conclusions qu'elle comporte relativement à l'évolution physiologique et psychologique soit des individus, soit du peuple, auteur de chaque variation de forme ou de sens, c'est alors, dis-je, que l'histoire interne de notre langue sera faite, et c'est pourquoi vous sentez qu'elle ne le sera jamais.

Nous sommes sortis de la période héroïque de la philologie romane, grâce aux grands et durs travaux de nos devanciers. Mais si nous avons en main de bons outils et de bonnes méthodes, il s'en faut bien que le champ entier soit en pleine culture, et il reste encore d'immenses friches à travailler, et même à découvrir. »

Nous voilà donc prévenus. Cette longue mais capitale citation était nécessaire pour bien nous avertir que la « science » de la langue française n'existe pas, que les sciences de la philologie française commencent à peine, et que l'une d'elles seulement, la phonétique, est arrivée par des méthodes et des instruments précis à quelques résultats encore discutés. Quand on vient nous parler d'une réforme scientifique de l'orthographe, il faut savoir qu'au prix de la réalité des faits, comme dit excellemment M. Brunot, les philologues n'ont encore en mains que des squelettes « qui permettent de suivre la transition d'une espèce fossile à une espèce fossile » : et c'est de l'étude de ces squelettes fossiles que l'on veut tirer une hygiène pour cet être vivant qu'est notre langue !

La phonétique expérimentale, comme dit encore M. Brunot, a « des instruments de précision qui apportent dans l'analyse du langage contemporain l'exactitude des examens microscopiques. » N'allons donc pas nous étonner que cette microbiologie du langage ait conduit certains savants aux mêmes rêves que la microbiologie du corps humain. « Tondez-moi ces cheveux, rasez-moi ces cils, ces sourcils et cette barbe, enlevez-moi ce corps thyroïde, ce foie et ce pancréas, rognez-moi de quelques aunes ce ridicule écheveau d'intestins gros et grêles : nids à microbes et organes inutiles ! Le microscope démontre que l'homme sera parfait quand une réforme sérieuse, radicale, aura débarrassé son organisme de toutes ces superfluités dangereuses ! » Ainsi parlait un jour M. Metchnikof : nos phonétistes, pour cet autre organisme qu'est la langue, ne nous disent pas autre chose.

Les microbiologistes du corps et du langage nous ont rendu et nous rendent de grands services : respectons-les, admirons-les jusque dans leurs écarts les plus imprévus ; mais peut-être n'y a-t-il pas lieu de risquer toutes les opérations qu'ils nous conseillent. Ce corps thyroïde, dont le microscope ni les autres instruments scientifiques ne peuvent nous démontrer l'utilité, mais dont le goître et autres maladies nous prouvent quelquefois au contraire les désavantages, — dans les mots, il est des corps thyroïdes aussi, qui trop facilement donnent naissance à ces goitres de l'écriture qui sont les fautes d'orthographe, — donc ce corps thyroïde, quand il était visiblemeut gênant, nos chirurgiens entreprirent de l'extirper, et leurs procédés scientifiques leur donnèrent des résultats admirables : la statistique prouva que, sur vingt cas, dix-neuf fois l'opération réussissait ; le cou goîtreux reprenait sa ligne et sa grâce ; mais au bout de quelques années, par un phénomène dont nos savants cherchèrent vainement la cause, et que le vulgaire, sans microscope, pouvait journellement constater, les goîtreux opérés tournaient à l'idiotisme, etc... Méfions-nous des chirurgiens phonétiques : et, pour la régularité du cou, ne risquons pas l'intégrité du cerveau.

Si d'ailleurs, au nom de *leur* science, les phonétistes aujourd'hui veulent nous imposer *leur* réforme de l'orthographe, de quel droit refuserons-nous demain une autre réforme aux *sémantistes,* qui auront constitué leur science, après-demain aux *étymologistes* qui déjà sont gens notables, puis aux *syntaxistes*, etc., etc., bref à tous ceux qui auront « établi et vérifié — il faut toujours en revenir au texte de M. Brunot — des lois non seulement phonétiques, mais morphologiques, sémantique, syntaxiques, etc. » Parmi ces nouveaux venus, il en est qui pourront à non moins juste titre revendiquer le *jus purgandi, saignandi, taillandi, coupandi per totam linguam*, le droit de curer, réformer, redresser et simplifier toute l'orthographe. Car il y aura des orthographistes qui auront fait une étude scientifique de l'orthographe, de son histoire, de ses réformes, de ses causes et de ses effets, et M. Brunot trace de main de maître le plan du grand travail que cette science devra quelque jour exécuter :

« Depuis le jour où, malgré les conciles et les bûchers, un homme s'est levé sous une voûte d'église pour prier Dieu en français, jusqu'au jour tout récent où pour la dernière fois un autre homme, encore vêtu d'une manière pseudo-romaine, a fait entendre dans la vieille Sorbonne le sacramentel *Ornatissimi auditores* du discours latin, pendant ces quatre siècles, chaque génération, non pas seulement poussée par la lassitude du passé, mais inspirée par les sentiments les plus purs, par une sorte de patriotisme et d'amour-propre national, et aussi par un instinct profond que la culture ne peut être le privilège de ceux qui sont instruits dans une langue étrangère, a conquis à la langue populaire un nouveau droit par une suite de victoires dont la série curieuse montrerait Jules Ferry continuant François Ier, et Grégoire prêtant, à la suite des jansénistes, la main à l'œuvre de Calvin...

Parmi les premiers initiateurs du mouvement d'émancipation, plusieurs avaient bien eu une claire intuition que, pour réussir à supplanter le latin, la langue française devait se hausser jusqu'à lui, et ne comptant point que le temps et l'usage y suffiraient, ils se mirent à l'œuvre, poètes, grammairiens, imprimeurs, avec un enthousiasme naïf et un touchant amour. Assurer à leur vulgaire un peu d'uniformité en transformant les graphies variables en une orthographie constante et fidèle, lui donner la fixité en réglant la grammaire, le rendre capable d'exprimer toutes les idées les plus hautes, et les sentiments les plus délicats en étendant son vocabulaire, ces rudes ouvriers, dont Ronsard eût déjà voulu voir les statues sur la place publique, ont tout osé et entrepris à la fois.

Il s'en faut bien que leur effort ait été complètement perdu. Mais, si on nous a dit comment Meigret et tous ceux qui comme lui voulaient une orthographe rationnelle alors possible ont été vaincus, au grand dommage de notre langue, nous ne voyons pas au juste par qui, nous ne pouvons suivre nulle part la formation de cette orthographe qui tend depuis lors de plus en plus à l'unité, dont seule une histoire critique et détaillée des œuvres sorties de chaque atelier d'imprimerie, comparée à celle des autographes de l'époque pourrait nous faire connaître la constitution, les progrès et les reculs. »

Dès lors faudra-t-il qu'après avoir oublié notre orthographe actuelle et appris une orthographe scientifique pour plaire aux phonétistes, notre vie se passe à oublier cette orthographe scientifique pour une seconde, une troisième, une quatrième ?... Il est vrai que la réforme phonétique aurait peut-être le résultat de tuer dans l'œuf quelques-unes de ces sciences à venir : déjà pour l'une des sciences présentes, les suites de la réforme pourraient n'être qu'à moitié favorables, car on ne voit pas que les étymologistes aient à se louer de la suppression de ces lettres, inutiles au vulgaire sans doute, mais qui suscitent aux yeux des savants les problèmes, et sont comme un constant rappel des mystérieuses transformations que les mots ont dû subir à travers les siècles.

*
* *

Le principe même de la réforme *par* la phonétique est donc fort discutable : les conséquences de cette réforme *pour* la phonétique sont plus discutables encore. Est-il légitime de poser l'axiome : « l'orthographe est une notation phonétique ? » N'a-t-on pas le droit de répondre : « l'orthographe est l'orthographe, la notation phonétique est la notation phonétique ? » Simples définitions peut-être ; mais il faut définir, disait Descartes, avant de discuter.

La notation phonétique est une écriture musicale qui cherche à figurer, à fixer les sons. En tête de leur *Dictionnaire général de la Langue française*, MM. A. Hatzfeld et A. Darmesteter, — après avoir exposé les règles de ces études lexicographiques et repris le mot de Littré : *l'érudition est ici, non l'objet, mais l'instrument, et ce qu'elle apporte d'historique est employé à compléter l'idée de l'usage, idée ordinairement trop restreinte*, — exposent pourquoi et comment ils veulent donner de chaque mot l'écriture alphabétique et la notation phonétique, l'orthographe et la prononciation :

« [En ce dictionnaire], la prononciation de chaque mot est donnée d'une manière *figurée;* elle suit entre crochets le mot. Nous avons essayé de rendre cette *figuration* aussi simplement et aussi rigoureusement que possible ; mais comme notre alphabet confond des sons différents sous une même lettre, et attribue souvent à une même lettre des valeurs différentes, nous avons dû recourir à un certain nombre de signes et de conventions. »

Suit le tableau de ces signes et conventions qui constituent la *figuration*, la notation phonétique, en face de l'*écriture* alphabétique, de l'orthographe :

BAUME	BŐM'
APPLAUDISSEMENT	À - PLŐ - DIS' - MAN

Cette notation exige une habileté d'oreille peu commune et l'usage d'une multitude de notes. Elle n'est pas à la portée du vulgaire, non plus que d'un apprentissage rapide. Elle ne simplifie pas : tout au contraire, elle multiplie et complique. Alors qu'une seule orthographe suffit pour un mot, il peut se faire que, suivant les cas, deux notations soient nécessaires ; et MM. Hatzfeld et Darmesteter, et leur continuateur M. A. Thomas, ont bien soin de montrer que dans la prose la notation ne doit pas être la même que dans les vers :

<table>
<tr><td rowspan="4">APPOSITION</td><td>En prose</td></tr>
<tr><td>À - PÓ - ZI - SYON</td></tr>
<tr><td>En vers</td></tr>
<tr><td>.......... SI - ON</td></tr>
<tr><td rowspan="4">ARRACHEMENT</td><td>En prose</td></tr>
<tr><td>Á - RĂ̍CH - MAN</td></tr>
<tr><td>En vers</td></tr>
<tr><td>.. ṚÀ - CḤE - ..</td></tr>
</table>

CHAPELET	En prose CHAP' - LÉ En vers CHÀ - PE - LÉ
RUINE	En prose RUIN' En vers RU - IN'
VIOLETTE	En prose VYÒ - LET' En vers VI - Ò - LET - TE

Mieux encore : une seule orthographe figure un mot dans la vie publique et privée, tandis que la notation phonétique distingue :

BIENFAISANCE BYEN - FÈ - ZANS',
familièrement. ..... - FE - ....

Mieux encore : l'orthographe peut procéder mot par mot ; la notation phonétique, si elle veut être scientifique et complète, doit procéder phrase par phrase, et figurer non seulement les sons qui composent un mot, mais les combinaisons de sons qu'engendrent ou que modifient les combinaisons de mots dans le rythme d'une phrase. M. Rosset, maître de conférences à l'Université de Grenoble, s'en est bien aperçu quand il a voulu réunir des *Exercices pratiques d'Articulation et de Diction* pour ses étudiants étrangers, et M. Rosset est l'un des jeunes maîtres de la « phonétique expérimentale ». Il nous dit en sa *Préface :*

« M. l'abbé Rousselot et M. Zünd-Burguet, dans les articles qu'ils ont publiés dans *la Parole*, dans les *Archives internationales de Laryngologie* (tome XVI) et dans *die Neueren Sprachen* (1902), ont les premiers exposé quels avantages l'enseignement pratique des langues vivantes peut retirer de la phonétique expérimentale. C'est de leurs conclusions que s'inspire cette méthode. A côté de l'enseignement théorique, on veut mettre désormais la démonstration expérimentale des articulations ; le palais artificiel, les ampoules exploratrices, le cadran indicateur, le cylindre inscripteur, le tambour enregistreur, le manomètre à eau, le signal du larynx, etc., permettent désormais de connaître et de montrer exactement quels organes interviennent dans la production du son, dans quelle mesure, à quel moment ; ils peuvent aussi révéler quelles erreurs commet un étranger dans la mise en action des organes phonateurs ; ils lui permettent de se rendre compte lui-même, par la vue, que *a* allemand ne s'articule pas comme *a* français, de vérifier expérimentalement si les corrections qu'il essaye sont heureuses, de s'assurer enfin qu'il met bien en mouvement les organes nécessaires, ceux-là seulement, et dans la mesure exacte qui convient. Parler une langue correctement, ce n'est pas articuler sans fautes des mots isolés, c'est prononcer des phrases avec l'accent, les accommodations, le rythme, l'intonation qu'un indigène leur donne spontanément, et qu'un étranger doit apprendre, avec peine parfois. »

Et joignant l'exemple au conseil, M. Rosset nous donne, en face de l'écriture orthographique, la véritable et complète notation phonétique :

lalbatrós

suvã púrsamuzé lezomœdekipàj
prènœdezalbatrós, vastœzwazódemèr,
kisẅívœtẽ̈dolãkõpan̮õdœvwayàj
lœnavirœglisãsúrlegufrœzamèr.

apènœlezontildepózésúrleplãc
kœserwádœlazúr, maladrwazeõtœ́
lèsœpitœ́zœmã lœ̀rgrãdœzèlœblãc
komœdezavirõ trenérakótédœ́.

L'ALBATROS

Souvent pour s'amuser les hommes d'équipage
Prennent des albatros, vastes oiseaux des mers,
Qui suivent, indolents compagnons de voyage,
Le navire glissant sur les gouffres amers.

A peine les ont-ils déposés sur les planches,
Que ces rois de l'azur, maladroits et honteux,
Laissent piteusement leurs grandes ailes blanches
Comme des avirons traîner à côté d'eux.

La notation phonétique s'adresse à l'ouïe; l'orthographe parle autant à la vision, à l'imagination, à notre faculté de nous représenter les êtres, les choses, les rêves. C'est un dessin qui évoque, aussitôt que vu, des souvenirs dans notre cerveau, des couleurs et des formes : il n'est pas destiné qu'à figurer des sons.

Si la pensée nous arrivait toujours ainsi qu'une phrase qu'on entend, phrase qu'il s'agit de traduire le plus vite et le plus simplement possible sur le papier, comme on note en effet la musique, il serait raisonnable de désirer une notation phonétique. Mais la pensée, après tant de siècles de civilisation, est surtout écrite; elle doit, non pas seulement être entendue, mais bien vue, *lue;* il est juste et nécessaire de lui laisser le dessin apparent qu'elle a depuis longtemps chez nous, et auquel nous sommes habitués. Ce dessin est un legs de nos ancêtres, un vêtement — modifié sans doute et modifiable — de leur âme. On peut y mettre le ciseau, avec infiniment de crainte et de piété, mais non le détruire. Celui qui l'oserait nous déshériterait en quelque sorte.

L'orthographe, d'autre part, évoque une vision artistique. Trois siècles, et si l'on veut, quatre, de littérature exquise l'ont rendue telle. Une innombrable multitude d'écrivains, d'amoureux, de gens de cœur et d'hommes d'esprit s'est ingéniée depuis tout ce temps à donner, par exemple, à cet ensemble de caractères d'imprimerie : « femme », toute la grâce, toute la poésie possible. Le peuple l'a mis dans ses complaintes, dans ses proverbes. Des tableaux caressants que nous avons vus dans les musées, portaient sur leurs cadres : la « femme » à l'éventail, la « femme » au miroir. On a écrit des volumes et des millions de vers admirables pour que cet hiéroglyphe, dès qu'il apparaît à nos yeux, ait une certaine signification propre à la France, une signification plus élégamment, plus finement et plus spirituellement belle que dans les autres pays. C'est chose faite aujourd'hui que tout le monde sait lire, et dès que le signe magique sourit à nos yeux, une infinité de sentiments et de sensations est évoquée dans la plus rudimentaire cervelle, sensations et sentiments uniquement dus à tout le travail artistique, à toute la tendresse, à toute la malice de nos ancêtres depuis un temps presque immémorial. Grâce à des années et des années d'efforts, enfin, le signe *femme* nous dispose à présent, par son seul aspect, à ressentir une émotion, belle ou jolie. Combien faudrait-il de temps pour que *fame* nous touchât autant et de la même manière? Quarante ou cinquante générations de poètes auront dû introduire ce signe étranger dans leurs vers avant qu'il soit devenu français, d'abord, et ensuite charmant. Et encore, il lui manquera bien de la race... Tant qu'on ne le rencontrera que sous la plume de quelques paléographes, ce mot-là ne sera pas né.

Il en va de même pour tous les autres termes qu'on voudra réformer, comme « *paon, loup, cerf, désarroi, vaudeville* ». Evidemment, on prononce « *pan, lou, cer, désaroi, vaudevile...* » Mais, regardez ces hiéroglyphes nouveaux, et dites s'ils n'ont point l'air de poules sans queues et de coqs écrêtés ? Eveillent-ils sur le papier les mêmes images, les mêmes souvenirs que les anciens, les vrais ?

C'est trop s'arrêter à la langue écrite, objectera-t-on. Et l'on revendiquera sans doute les droits de la pensée orale. Car la pensée est propagée par la parole au théâtre, au Palais, et même — si l'on peut risquer ce paradoxe — à la Chambre. Qu'un acteur, qu'un orateur prononce le mot *femme*, on voit aussitôt une certaine femme, ou plusieurs, et non le signe imprimé ; s'il parle d'un *coteau*, l'on imagine un monticule boisé qui domine une prairie, avec son ruisseau qui la coupe... Soit, mais si l'orateur vous donne ensuite son discours à lire, vous serez bien choqué d'y rencontrer, au cours de cette même phrase qui vous avait plu, une « fame » et un « cotau », bientôt même un « cotô » (1).

Il y a de plus, pour le regard, une autre nécessité à maintenir l'orthographe : c'est la clarté. L'orthographe doit être une vision nette. A tant de mots qui déjà s'écrivent de même, malgré la variété si grande de notre graphie actuelle, faut-il donc en ajouter une quantité d'autres ? Car la notation aurait pour effet de multiplier les homophones. On obtiendrait *pan* (paon) et *pan* (pan de mur), *guère* et *guère* (guerre), *vile* (féminin de vil) et *vile* (ville), *ni* et *ni*

(1) Arrivés à ce point de la discussion, les philologues ont des langueurs et des résignations. « Bien entendu, accordent-ils en souriant mélancoliquement, à notre âge, nous n'irons pas apprendre une orthographe ! Alors que les jeunes gens écriront d'une façon nouvelle, nous ne cesserons, nous autres, d'honorer les Muses de notre enfance, et de peindre notre pensée avec les précieuses couleurs léguées par nos ancêtres... » Ainsi devaient se lamenter doucement, sous l'œil des barbares, les derniers lettrés du vieux monde gallo-romain, les derniers patriciens... En vérité, nos simplificateurs n'auraient-ils tenté de déformer le langage français et d'en briser peut être à jamais tous les contours, que pour prendre coquettemen une attitude ? On n'ose croire à tant de perversité.

(nid), *doit* (de devoir) et *doit* (doigt), *crois* (de croire) et *crois* (croix), etc. M. Paul Meyer (*Pour la simplification de notre orthographe*, pp. 21-22) ne voit là que des fariboles, et estime que commettre des confusions entre les homophones relève de la pathologie mentale. Il indique maintes similitudes existant déjà en français : *masse* (d'armes) et *masse* (des adhérents), *manne* (panier) et *manne* (du ciel), *grève* (des forgerons) et *grève* (sablonneuse), bien d'autres encore. Mais de ces homophones, que la réforme ne diversifierait point, pourquoi grossir encore le nombre en forgeant des : *sale* et *sale* (salle), *cors* (pluriel de cor) et *cors* (corps), *pous* (poux) et *pous* (pouls), etc., etc.? Plus une langue est claire aux yeux, plus elle a de grâce, et plus aussi de valeur scientifique et d'utilité. C'est cette valeur scientifique de l'orthographe qu'en dernière analyse il faut invoquer, surtout contre le chaos du phonétisme. Que la notation phonétique soit utile à quelques-uns ; que ce soit un art d'agrément et que les phonétistes tiennent à le répandre, comme on a répandu le piano ou le solfége : personne ne saurait blâmer ce besoin d'apostolat. Mais l'orthographe est nécessaire à tous. Le téléphone a simplifié la besogne de correspondance ; toutefois les « écritures » restent toujours la condition indispensable de la correspondance, des relations d'amitié ou d'affaires. La notation phonétique peut être le téléphone entre les membres les plus lointains d'une même génération ; l'orthographe doit demeurer les « écritures » entre les générations successives.

Il est vrai que la plupart des philologues ne sont pas radicalement phonétistes, et que certains déclarent au phonétisme, comme jadis à l'océan je ne sais plus quel roi barbare : « Ici, monstre, tu t'arrêteras. Je te défends d'aller plus loin... » L'océan jeta sa plus grosse vague contre le roi outrecuidant, qui dut rentrer trempé au logis. A son exemple, nos nouveaux législateurs auront beau rendre décret sur décret : « Selon notre science, diront-ils en vain, qui est puissante et redoutable, nous avons fixé des bornes certaines au droit de simplifier et réformer. Nous ordonnons que l'on s'y enferme... » Peine perdue ! Les phonétistes encouragés, enhardis et bientôt déchaînés, répondront : « Va-t-on rester en chemin ? Tous ces philologues à demi phonétistes ne se sont montrés qu'à demi logiques. Poussons le progrès jusqu'au bout. Il faut écrire comme on prononce, selon la méthode de Louis Ménard et de Barès, qui étaient nos vrais précurseurs. Car ils parlaient au nom de la raison, de la sainte raison. Dans nos sociétés modernes, hors la raison, point de salut ! » Et les réformistes modérés se trouveront débordés, submergés ; ils auront même quelque honte de s'être montrés si tièdes.

Puis, s'en tiendra-t-on seulement là ? Il faudra bien aussi que la syntaxe, après l'orthographe, ait son tour. Qu'est-ce, par exemple, que ce scandale de l'imparfait du subjonctif ? « Que vouliez-vous qu'il *fît* contre trois ? — Qu'il *mourût !* » Ce temps de verbe est ridicule, et tombe heureusement en désuétude. Déjà nos écrivains « art nouveau » le fuient comme la peste. Et même aussi le subjonctif. « Je souhaite qu'il *aille* !... » Ne peut-on dire : « Je souhaite qu'il *va* ?... » Nous n'avons pas plus besoin de cet « aille » que du deuxième *t* de « battu ». Ainsi, par l'intervention des savants, l'avenir de notre langue se trouve heureusement assuré (1).

***

Malheureusement les philologues ne s'appuient pas seulement sur l'autorité de la science ; ils font appel aussi à l'autorité publique ; après avoir parlé

(1) Dans la section philologique du *Congrès pour l'extension et la culture de la langue française* de l'Exposition de Liège, cette question se trouve déjà inscrite au programme d'etudes : « *Y a-t-il lieu, dans l'intérêt de* la diffusion de notre langue, de s'occuper d'une simplification possible de l'enseignement de la grammaire française, fondé sur l'étude de l'usage parlé et sur une analyse plus précise de cet usage ? ».

comme savants, ils s'adressent, en bons démocrates, aux ministres de la Troisième République sur le même ton que Boileau en ses épîtres au Grand Roi. La *Lettre ouverte sur la Réforme de l'Orthographe*, que M. Ferdinand Brunot envoie à M. le Ministre de l'Instruction Publique, débute par ces mots :

MONSIEUR LE MINISTRE,

« J'avais écrit dans mon *Histoire de la langue française* une phrase que, depuis quelques années, on s'est plu à citer. Je disais : « Il est possible que le hasard de la politique amène un jour au ministère un homme assez instruit pour savoir que le préjugé orthographique ne se justifie ni par la logique, ni par l'histoire »...

« Le hasard m'a montré qu'il s'appelait clairvoyance, et il nous a envoyé, presque de suite, MM. Léon Bourgeois, Combes, Leygues, et en dernier lieu M. Chaumié, qui, sur le vœu présenté par le Conseil supérieur de l'Instruction publique, nomma une Commission chargée de préparer la réforme de l'orthographe. »

Invoquer ainsi les « ministres instruits », MM. L. Bourgeois, Leygues, Combes et Chaumié, et célébrer la « clairvoyance » du hasard, qui remit les destinées de la France savante en de pareilles mains, passe peut-être un peu les bornes de la déférence administrative. Et s'écrier que l'orthographe habitue les enfants à la croyance, au dogme qu'on ne résonne pas : « c'est d'un autre côté, n'est-ce pas, Monsieur le Ministre, que l'École républicaine entend conduire les esprits. » Et recourir à toutes les figures de la rhétorique, au calembour, « l'orthographe, c'est ma graphe, où je mets ma griffe! » — à la supplication : « maintenant, Monsieur le Ministre, que je crois avoir levé les scrupules de convenance qui vous pouvaient venir, je ne pense pas que vous soyez arrêté par des mots ni que vous soyez homme à vous effrayer de faire du *socialisme grammatical* », —

à l'insinuation : « aujourd'hui que tout repose sur le suffrage, que ce suffrage ne peut être libre et éclairé que si la discussion quotidienne des idées politiques et sociales se fait librement, facilement, sans interprètes qui la faussent ou la restreignent, la pénétration du français dans le moindre village de France est devenue une nécessité plus impérieuse que jamais » — voilà peut-être employer un langage moins scientifique qu'électoral (1) ; voilà surtout oublier certaines règles que M. F. Brunot lui-même estime nécessaires à la bonne conduite de la discussion : « Le moment, dit l'Académie, est-il bien choisi pour travailler à effacer le souvenir des origines de notre langue ? — Je me refuse, Monsieur le Ministre, à examiner cet argument d'ordre tout politique. »

(1) M. Louis Havet écrit (*Revue Bleue*, 21 mars 1905) : « On veille à ce que [l'enfant] n'écrive pas *vitier*, du latin *vitium*, comme *initier*, du latin *initium*. Ce serait une *faute*, on n'ose pas dire un *péché*. » Que vient faire là cette insinution anticléricale ? C'est du journalisme.

Probablement, en effet, l'Académie donne-t-elle un sens politique à cette phrase. Mais en gardant tous les termes, je serais disposé, comme elle, à croire que « le moment est mal choisi pour travailler à effacer le souvenir des origines de notre langue », alors que des études scientifiques n'ont pas encore utilisé tout ce que l'orthographe nous conserve de ce souvenir, alors que les sciences linguistiques encore à naître ou à développer, dont M. Brunot nous dressait la liste, ont à peine commencé leur travail de catalogue, de classification et, si l'on veut, d'embaumement historique... Que l'Académie prête un pareil sens à sa phrase, et ce n'est plus à elle que l'on pourrait adresser le reproche si juste d'apporter où ils n'ont que faire « des arguments d'ordre politique. »

Il est un argument d'utilité sociale, néanmoins, que M. Brunot a pleine raison de mettre en lumière, mais d'où peut-être il tire de singulières conséquences :

« Ceux mêmes qui sont hostiles aux conclusions de votre Commission, — écrit-il au Ministre, en oubliant que ce n'est pas *ce* ministre qui a nommé *cette* commission, — s'accordent avec nous sur ce principe, qu'à tout prix il faut délivrer l'école, que les millions si intelligemment sacrifiés par la République pour la formation de l'esprit populaire sont perdus en partie, tant que, sur les trop courtes années passées à l'école, tant d'heures sont si inutilement dépensées, tant que, suivant le mot de G. Paris, elles servent à initier l'enfant à « des mystère sans autre valeur que le respect superstitieux dont on les entoure ».

Comment donc délivrer l'école ? M. Aulard, dans un article de l'*Aurore* auquel je viens de faire allusion, propose d'ordonner que l'instituteur laissera désormais à ses élèves la liberté d'écrire à leur guise, que la faute d'orthographe sera supprimée dans les classes et les examens.

D'autres seraient moins radicaux, et voudraient seulement diminuer le coefficient de l'orthographe dans les diverses épreuves, de façon à engager peu à peu l'instituteur et l'élève à y prêter moins d'attention. De la sorte, croient-ils, après une période plus ou moins longue, une génération nouvelle ayant cessé d'apprendre l'orthographe, celle-ci tomberait en désuétude, les simplifications se feraient d'elles-mêmes, et les dictionnaires n'auraient bientôt qu'à enregistrer un usage devenu spontanément plus rationnel.

Séduisante au premier abord, comme toutes celles qui ont pour fondement la liberté, cette proposition ne soutient cependant pas un examen attentif. Mettons qu'un arrêté, un décret, si l'on veut, soit rendu en ce sens. Quelle influence aura-t-il sur les livres et les journaux ? Aucune, évidemment. L'enseignement du maître se désintéressera désormais de l'orthographe, voilà qui va bien. Mais les livres scolaires ne seront-ils pas des professeurs muets d'orthographe ? Et l'enfant n'étant plus conseillé, n'ayant, pour lui montrer à écrire, que ces modèles d'une complication où il ne saura rien démêler, ne s'appliquera-t-il pas encore à les imiter ? S'il ne le fait pas, qu'il s'en écarte, par paresse, par mépris, ou pour toute autre cause, qui dit qu'il simplifiera ? »

M. Brunot craint pour le peuple les « séductions » de la liberté : il tient à nous imposer sa simplification. Pourquoi la sienne ? Pourquoi même une simplification ? Il est assurément dans notre orthographe des chinoiseries qui tiennent trop de place dans l'enseignement de nos écoles primaires ; mais un décret ministériel, ramenant au minimum le coefficient de l'orthographe dans les examens de cet enseignement, ramènerait sûrement aussi nos instituteurs à une plus juste estime des différentes études inscrites dans leur programme ; apprendrait l'orthographe qui voudrait, et ceux qui ne la sauraient point n'en seraient pas plus mal notés, si en d'autres branches ils avaient mieux occupé leurs années scolaires. Mais les simplificateurs veulent la simplification à tout prix, et ce sont encore des arguments politiques qui semblent les décider.

« La liberté, — dit M. Brunot. — la liberté absolue, M. Aulard le sait mieux que personne, substituée d'un coup à la contrainte tyrannique, a peu de chances d'être acceptée de tous. Aussitôt que l'école de l'État se montrera si dédaigneuse de l'orthographe, l'*école d'en face* ne l'enseignera qu'avec plus de soin, sûre de former des enfants selon le préjugé bourgeois, heureuse d'avoir désormais un caractère extérieur qui lui soit propre, et permette de reconnaître du dehors pour ainsi dire un des siens, un homme dit bien élevé.

Qui ne voit la conséquence ? C'est que, les préjugés héréditaires aidant, l'orthographe étant redevenue la chose de quelques-uns, elle retrouvera plus d'estime que jamais dans un certain monde. De même qu'en Angleterre un gentleman se fait reconnaître à la première phrase qu'il prononce, de même, il y aura des gens qui se classeront dès la première ligne comme des hommes supérieurs, on aura fait une classe nouvelle, celle des gens qui sauront écrire : le mandarinat. »

Il s'agit donc d'empêcher tout le monde d'acquérir cette « science d'écrire », comme dit avec justesse M. Brunot. Le procédé est révolutionnaire : la Révolution pensa que la « science de peser » n'était pas utile à la patrie et, logique jusqu'au bout, elle supprima les chimistes, Lavoisier, à qui nous dressons aujourd'hui des statues. Mais est-il tellement sûr que le purisme soit chez nous une coquetterie des gens « bien élevés » ? L'argot n'a-t-il pas trouvé autant d'adhérents parmi ceux-ci que dans le reste de la nation et, pour ne citer qu'un exemple, le dernier des bourgeois se donnerait-il les libertés de style, d'orthographe et de vocabulaire que prend à chaque ligne le plus que noble chroniqueur qui signe Gyp ?

Le langage d'un peuple apparaît comme une création à laquelle collaborent, uniquement guidés par leur instinct et par leur oreille, les plus ignorants comme les plus cultivés, citadins et paysans, pauvres et riches. Il en fut presque de même pour l'orthographe : seulement la collaboration devient plus restreinte, et ce fut l'ouvrage de quelques centaines de savants, de plusieurs sociétés de précieuses, de ce qu'on appela jadis les « honnêtes gens », la bonne compagnie enfin, les classes dites éclairées. A certains intervalles, l'Académie donne une édition de son dictionnaire, et tout est réglé.

Or, on ne peut nier que ce travail, fait au cours des siècles et par tant de mains, ne se trouve en dehors de toute logique, puisque aussi bien il est arbitraire et ne repose pas, comme le langage lui-même, sur des lois phonétiques, des lois naturelles. Mais notre langue écrite, à nous transmise en cet état par nos ancêtres, et à peu près définitivement fixée depuis cent ans, notre langue est belle. Ou, du moins, on a publié tant de belles œuvres avec les assemblages de signes graphiques auxquels nos yeux sont habitués à présent, qu'il y aurait du vandalisme, et le plus horrible de tous, un vandalisme prémédité, à prétendre aujourd'hui bouleverser tout cela au nom de la raison.

Qu'on jette les yeux sur la carte de quelque forêt vénérable : on voit aussitôt que les chemins, les layons et les sentes y serpentent, s'y coupent, y forment des carrefours, des entrelacs et des angles de la façon la plus inexplicable, la plus folle. C'est que, depuis bien des siècles, les bûcherons et les habitants des lisières en ont usé à leur caprice ou selon leurs besoins. Mais on se promène avec enchantement parmi les pittoresques méandres du vieux bois. Soudain, un ingénieur survient : « Quel est ce fouillis ! — s'écrie-t-il. — Qu'on me comble les mares, qu'on abatte les futaies, qu'on éventre les halliers ! Il me faut de la perspective dans cette forêt, et j'y vais tracer des routes nationales qui formeront des triangles réguliers, des parallélogrammes et autres figures plus convenables en un siècle de progrès. » Cet ingénieur, digne de la prison, me semble un peu cousin des réformistes qui ne mériteraient, eux, qu'un sourire, s'ils n'étaient si entêtés.

***

Il importe, ajouteront les philologues, de réduire les difficultés d'écrire notre langue pour les étrangers. Mais de quoi veut-on nous parler ? S'agit-il de commerce ? Il faudrait en ce cas songer à faire d'abord de nos compatriotes des hommes d'action, de prévoyants et audacieux coureurs d'aventures avant de nous gâter notre vocabulaire. Puis, la connaissance des langues vivantes se répandant de jour en jour, il est fréquent que les commerçants écrivent aujourd'hui chacun en sa langue. Enfin, aucun Danois, Russe ou Allemand, ayant commis une faute en quelque lettre d'affaires, ne nous en semble, je pense, ni ne s'en estime déshonoré. Sa commande n'en sera pas moins la bienvenue. Et quelle est donc la langue la plus parlée dans le monde ? L'anglais, où précisément les difficultés orthographiques passent pour extraordinaires.

S'agit-il de notre influence intellec-lectuelle ? Mais ici encore, il y a deux cas. Si l'on s'inquiète pour la diffusion de nos ouvrages de critique ou de philosophie, ignore-t-on que tous les penseurs professionnels, en Europe ou en Amérique, sont forcément plus ou moins polyglottes aujourd'hui. Ils ont jusqu'ici fort bien écrit le français, sans s'être plaints. Et si l'on songe à nos belles-lettres, il ne faut point oublier que notre suprématie, par la grâce et l'esprit tout au moins, est encore indiscutable ; que nos aïeux nous ont légué la langue écrite avec laquelle ils avaient enchanté le monde, que cette séduction dure encore, et qu'il faut laisser aux écrivains d'aujourd'hui ces mêmes mots dont leurs aînés firent un si noble et si délicieux usage.

Combien de temps les étrangers et nos enfants gagneraient-ils, si on leur enseignait une orthographe simplifiée? Celui seulement qu'ils emploient en ce moment à se familiariser avec les exceptions et les formes les plus bizarres des mots, c'est-à-dire trois ou quatre mois peut-être. Car il leur faudrait toujours bien apprendre à écrire les sons, innombrables et nuancés, même et surtout, on l'a vu plus haut, en notation phonétique. Ajoutez à cela l'horrible confusion qui se produirait dans leurs petites cervelles, pendant la période de transition, entre l'ancienne manière d'écrire, dont ils liraient partout des exemples, et la nouvelle.

Aussi bien le projet de réforme orthographique n'a-t-il pas rencontré, en dehors du bataillon des chartistes et de quelques dévoués auxiliaires, une très vive sympathie. Les gens de lettres surtout s'indignèrent (1). Un tel attentat

(1) La *Revue Bleue*, ayant pris l'initiative d'une pétition publique afin de protester contre la réforme, a recueilli, pendant quatre semaines, les signatures, par centaines, de

contre toutes les œuvres littéraires écrites depuis trois cents ans souleva beaucoup de colères. L'orthographe du XVIIe siècle était fantaisiste, celle du XVIIIe encore bien mal réglée. Mais, à l'exception de quelques rares éditions destinées aux curieux et aux spécialistes, les chefs-d'œuvre classiques ont tous été réimprimés et répandus par milliers et milliers d'exemplaires dans notre orthographe, qui, depuis le commencement du XIXe siècle, n'a presque plus changé, et semble à peu près fixée. Et, quand bien même on donnerait les textes classiques dans leur intégrité absolue, la surprise ne serait ni si grande

nos écrivains les plus respectés, de très nombreux membres de l'Académie et de l'Institut, de savants, de professeurs parisiens et provinciaux. Notons aussi que M. Michel Bréal n'est point partisan d'une réforme, surtout brutale et ordonnée par décret, et que M. Rémy de Gourmont a publié dans la *Revue des Idées* (15 janvier 1905) une très persuasive étude technique, exposant point par point les abus, les hideurs, et même les inconséquences du rapport de M. Paul Meyer. On a vu, d'autre part, dans le *Figaro* du 9 avril 1905, le chaleureux plaidoyer de M. Edmond Rostand en faveur de l'orthographe traditionnelle. M. Pierre Louÿs, le premier, avait en 1904 exposé dans le *ournal* son opinion anti-réformiste.

ni si pénible (1) qu'à les traduire dans le « petit nègre » dont on nous menace.

Supposons que demain le gouvernement affolé, sinon terrorisé, ne tienne aucun compte de l'Académie et décrète la révolution proposée. Que verrions-nous ? Ceci : les enfants apprendraient à lire et à écrire une langue spéciale, qui les séparerait brusquement de leurs aînés, qui leur rendrait tout déchiffrement littéraire difficile, pénible, comme l'est aujourd'hui celui d'un texte de Rabelais pour la grande majorité des Français. La Bruyère, Pascal, Chateaubriand, Victor Hugo, Flaubert, et jusqu'aux plus récents écrivains, et jusqu'aux poètes contemporains (2), tout

(1) Tel était le sens de cette phrase imprimée dans la pétition de la *Revue Bleue :* « Les plus grands modèles classiques eux-mêmes se présentent à nous dans une forme qui nous est encore familière. » Les réformistes l'ont voulu comprendre de cette manière : « Les grands classiques avaient la même orthographe que nous. » Il y a pourtant des nuances, dans le style. On enseigne à l'Ecole des Chartes qu'il faut lire les textes avec soin ; et l'adverbe *encore* a un sens bien net en français.

(2) J'entends par là les auteurs et les poètes dignes de ce nom. Car je ne suppose pas un seul instant qu'un

cela semblerait d'un seul coup reculé dans le passé, bon pour les « dilettantes », archaïque, vieillot, inutile ! Les plus grands et les plus vivants chefs-d'œuvre n'auraient plus que la valeur d'objets de vitrine. La nation se sentirait désormais étrangère à sa tradition littéraire, à la partie la plus noble d'elle-même ! Les écoliers se trouveraient tout à coup sans modèles de beauté qui leur formassent à peu près le goût, et dans lesquels ils pussent avoir confiance. Ne se méfie-t-on pas toujours des écritures difficiles, des langues mortes ? Enfin la France — et les philologues respireraient

écrivain de pure race française, un véritable, un pieux descendant des Racine, des La Fontaine, des Vigny, des Musset, consentirait à revêtir sa pensée du nouvel et affreux uniforme. Voici, nous dit M Rémy de Gourmont, quelques vers des fables de La Fontaine écrits selon les formules des philologues :

> Dès que vous vèrez que la tère
> Sera couverte, et qu'à leurs blés
> Les jens n'étant plus ocupés
> Feront aus oizillons la guère...
>
> Je plie et ne rons pas...
>
> Un cer s'étant sauvé dans une étable à beus...
>
> Les alouètes font leur ni...

enfin, — la France, le premier peuple littéraire du monde, n'aurait plus de littérature !

Car — disons encore aux savants cette bonne parole — les écrivains alors disparaîtraient. On verrait seulement, en face de la multitude vouée aux seuls journaux et romans-feuilletons figurés phonétiquement, quelques mandarins qui s'honoreraient les uns les autres, mais ne feraient plus rien qui vaille dans leur solitude et leur abandon. Radieux avenir ! Je sais bien que, selon M. Louis Havet (*Revue Bleue*, 11 mars 1905), les « futures vachères » ne seraient plus forcées de « *hérisser certains mots* d'*y* et d'*h* » ; mais, en revanche, on aurait séparé pour toujours la foule et les lettrés. Celle-là et ceux-ci, se soutenant mutuellement, produisent encore aujourd'hui un peu de beauté. M. Louis Havet préfère que les vachères, dans leurs dissertations « filosofiques » sur la « psicolojie » des veaux, puissent négliger en paix les *h* et les *y*. A chacun sa chimère, après tout. Et à chacun son patriotisme.

Certes le cas serait bien différent, et nous ne parlerions plus de la sorte si l'on venait nous dire : « Voyez, le peuple souffre. Les chinoiseries orthographiques l'oppriment. Il ne veut pas que vous vous occupiez de ses impôts avant que vous ne l'ayez d'abord délivré de l'épouvantable tyrannie des participes. La société tout entière d'ailleurs trépigne sous ce joug. La nation qui, dans le *Paris-Sport* ou le *Jockey*, lit paisiblement des termes aussi barbares que « *walk-over* » ou « *dead-heath* », ne peut plus souffrir qu'on écrive fauvette, œuf ou général, mais exige « fauvète », « euf » et « jénéral ». Et déjà de grands écrivains ont donné l'exemple de ces *graphies...* » Oh ! il n'y aurait plus alors qu'à s'incliner devant une évolution naturelle et le vœu populaire. L'Académie, comme son rôle l'y invite, donnerait au nouvel usage force de loi, et l'on s'y soumettrait sans répliquer. Ce fut ce qui arriva lors des petits changements orthographiques dans les éditions du Dictionnaire de 1835 et de 1878. La réforme de 1740 elle-même, bien moins considérable que celle de M. Paul Meyer, reposait sur un besoin général, les anciennes formes *tombant en désuétude*; et un grand écrivain, comme Voltaire, appuyait le souhait de très nombreux lettrés.

Mais, aujourd'hui, le peuple se plaint-il ? Non. Les lettrés demandent-ils des libertés ? Nullement. Ils s'unissent, au contraire, pour se protéger. Où donc est le péril ? Où donc la nécessité de modifier quoi que ce soit ? Nulle part, sinon dans le cerveau de quelques érudits. Que ceux-ci se rappellent l'exemple de ces architectes réformateurs, eux aussi, qui, au XVIIe siècle, jetaient bas toutes les tours gothiques, puis, sous Napoléon, se mirent à raser les pavillons Louis XV et, en 1840, à briser les portails Empire : si bien que de certains châteaux il ne resta plus rien. La langue française ne regarde que les écrivains. *Garons-nous* des savants. Au lieu de « mal de tête », plusieurs d'entre eux nous ont déjà donné « céphalalgie ». D'autres voudraient maintenant « séfalaljie »... A quoi donc prétendront les troisièmes ?

*
* *

Ce sont là — je ne le sais que trop — raisons de sentiment, de cœur, que la raison des philologues ne comprend pas. Peut-être me fussé-je trouvé fort en peine d'en trouver de meilleures, si M. Brunot ne m'avait donné l'exemple. Reprenant le procédé de discussion qu'a immortalisé l'auteur des *Provinciales*, M. Brunot est allé trouver l'un de ses adversaires, qui pourtant était un de ses amis, et il nous raconte sa visite :

« Croyant qu'une longue habitude des graphies diverses avait oblitéré en moi le sens de la beauté plastique de l'orthographe, je consultai un écrivain de mes amis.

« Eh bien ! — me dit-il, — vous êtes décidé ? Irez-vous jusqu'à biffer, pour la satisfaction de vos maîtres d'école, le *ph* d'*asphodèle*, au risque de dissiper à jamais les senteurs qui sortent de ce nocturne ? Ici, vous ne nierez plus. Saint-Saëns qui s'y connaît, j'espère, a très bien expliqué la chose dans un article déjà ancien du *Figaro*. L'harmonie poétique, voyez-vous, elle est dans l'écriture, et non, comme des naïfs le croient, dans le son. Les vers sont faits pour être écrits et non pour être dits. Le vers est une musique. Eh bien ! ceux qui ne lisent pas la musique ne la goûtent pas dans la plénitude. Qu'est-ce qu'une mélodie, qu'est-ce qu'un rythme, qu'est-ce que la voix ou l'orchestre, quand l'oreille seule en est touchée ? Au contraire, regardez toutes ces notes, ces triples croches chevauchant d'une barre à l'autre, grimpant ou avalant les degrés d'une échelle sans fin, descendant des ciels aux clartés gaies vers les profondeurs souterraines, tourbillonnant, donnant l'assaut, s'essorant, fanions hauts, dans une envolée immense, au-dessus des portées, voltigeant sans règle dans le plein azur... »

Hélas, n'ayant pas, moi, « une longue habitude des graphies diverses », je fus chez un philologue, pis que cela, chez un épigraphiste de mes amis, car *orthographe* et *épigraphe*, pensais-je, doivent avoir quelque parenté. Et comme j'exposais mes angoisses à cet homme austère, qui de toutes les littératures présentes et passées, connaît principalement le *Corpus Inscriptionum Semiticarum* :

« — Lisez, me dit-il, lisez l'*Histoire de l'Écriture* de mon confrère Philippe Berger. Ceux qui se mêlent de réformer l'orthographe devraient être, en effet, des épigraphistes : mais quand on a tâté de notre belle science, on ne sent plus le goût des vaines querelles. Allez, — ajouta-t-il en me poussant vers la porte, — allez acheter l'*Histoire de l'Écriture* de M. Philippe Berger. »

J'ai acheté cette *Histoire*, et je l'ai lue, car elle est lisible même pour les profanes. Les simplificateurs de l'orthographe la devraient feuilleter ; ils y verraient que leur simplification est, peut-être, non pas un progrès, mais comme disent les biologistes, une régression dans l'évolution de l'écriture; ces révolutionnaires, ces « socialistes grammaticaux » ne font que recommencer une expérience qui n'avait pas réussi aux Phéniciens, aux cousins du Peuple de Dieu, et ils marchent à l'encontre du progrès que les Hellènes, ces « libres-penseurs », avaient introduit en cette affaire.

Car l'orthographe chez les Egyptiens et les Chaldéens débuta par être une figuration tellement complète et précise que ces premières écritures étaient en réalité un dessin et que leurs signes idéographiques, leurs hiéroglyphes, où chaque objet était figuré par sa silhouette, se présentent comme le contre-pied de la notation phonétique : cette première orthographe voulait parler aux yeux, avec autant de soin que nos phonétistes veulent parler à l'oreille. Après vingt ou trente siècles, des inventeurs, considérant le nombre presque infini de signes que pareille orthographe comportait, considérant aussi l'impossibilité matérielle de figurer aux yeux les choses, les idées surtout, qui n'ont pas de figure matérielle, simplifièrent et idéalisèrent tout à la fois cette écriture : l'alphabet fut inventé en quelque bazar phénicien de Tyr ou de Sidon, et c'est de là qu'il s'est répandu à travers le monde ; tous les peuples blancs usent aujourd'hui de l'écriture et des signes alphabétiques dont ils empruntèrent, directement ou indirectement, aux Phéniciens le système et les traits.

Mais, simplificateurs à outrance, les Phéniciens avaient sauté de l'hiéroglyphe à la sténographie : leur orthographe n'écrivait que les consonnes et longtemps les Sémites, restés fidèles à cette mode sémitique, n'usèrent que de cette sténographie :

brsjt brh hlhjm ht hsmjm

est le début de la Bible ; et l'on peut lire au Louvre sur le sarcophage d'Eshmounazar, roi de Sidon :

bjrhblbsntgxzwhrbg

Orthographe démocratique s'il en fût, où les fautes devaient êtres réduites au minimum, et que les enfants des écoles primaires savaient aussi bien que le plus parfait styliste, dès qu'ils avaient appris seulement à lire et à écrire! Orthographe mondiale, semble-t-il, que les étrangers auraient dû admirer et adopter, et qu'ils adoptèrent, en effet, mais en la perfectionnant, en la complétant. Et ce furent les Hellènes, le plus démocrate et le plus hospitalier des peuples, le plus amoureux d'égalité et le plus désireux de relations étrangères, qui « compliquèrent » cette orthographe sémitique, parce que leur esprit clair et précis vit combien la simplification nuit à la clarté et à la précision de l'écriture: *prs*, suivant l'orthographe sémitique, pouvant être aussi bien *Paris* que *Perse*.

Nos simplificateurs diraient sans doute que le sens de la phrase l'emporte et qu'il faut être cérébralement déchu pour ne pas deviner aussitôt ce qu'il faut lire, *Perse* ou *Paris*. Les Grecs en jugèrent autrement. Ils compliquèrent l'orthographe en introduisant les voyelles entre les consonnes, en redoublant les consonnes, en faisant tout ce que nous faisons aujourd'hui. Et voyez le résultat : s'il ne s'était pas trouvé des Hellènes pour traduire la Bible en grec vers le troisième siècle avant notre ère et pour transcrire en orthographe hellénique les noms propres d'Israël, nous saurions par le texte hébraïque que Jérusalem eut des rois appelés *Dwd* ou *Slmn*; mais nous serions incapables de dire si ces rois se nommaient *Daoud* ou *Sliman*, *Douad* ou *Selamin*, etc., et jamais nous n'aurions conservé leur vrai nom de *David* et de *Salomon*. Il est des simplificateurs qui pensent à la diffusion de nos idées. Peut-être rééditeront-ils cet exemple des Juifs qui donnaient au monde occidental leur Dieu, leur terrible *Ihvh*, mais qui oubliaient ou défendirent d'en orthographier assez complètement le nom pour que nous puissions le prononcer : un scribe du XVIe siècle *après* notre ère décida qu'il fallait prononcer *Iehovah* et, de fait, nous dîmes *Iehovah*, jusqu'au jour où l'on prit garde qu'un texte grec nous donnait *Iahveh*.

M. Brunot a oublié cette leçon de l'épigraphie quand il imagina « son système en sa simplicité redoutable » :

« Voici donc, dans toute sa simplicité redoutable, mon système. Le ministre nomme une commission composée de linguistes et de phonéticiens. Cette commission, à l'aide des instruments de phonétique expérimentale aujourd'hui existants, recueille le parler de personnes réputées pour la correction de leur prononciation. Je ne verrais aucun inconvénient à ce que l'Académie désignât quelques-unes de ces personnes. La commission confronte les prononciations ainsi enregistrées, elle établit la normale, qui, inscrite mécaniquement, infailliblement, sert d'étalon.

Cet étalon est, comme celui du mètre, officiellement déposé. La commission, prenant ensuite dans l'alphabet actuel à peu près tous les éléments de son écriture, établit un système graphique. Elle adopte les signes diacritiques, accents, cédilles, tildes, qu'elle juge nécessaires pour distinguer les sons, pour marquer par exemple les diverses voyelles d'un même groupe, ainsi l'*a* grave, l'*a* moyen, l'*a* ouvert, l'*a* nasal, le tout sans s'écarter jamais du principe absolu : un signe pour un son, un son pour un signe. »

Outre que cette simplification ne simplifie peut-être rien, — au contraire, car ces signes diacritiques, accents, cédilles, tildes, créeront autant de fautes que notre orthographe actuelle, — il faudrait savoir que d'autres peuples ont essayé de ce « système redoutable ». En constatant les avantages de l'alphabet hellénique, les Sémites, après quinze siècles peut-être de fidélité à la pure sténographie des Phéniciens, fabriquèrent tout un arsenal de signes diacritiques dont ils ornèrent le bas ou le haut de leurs consonnes afin de noter tant bien que mal les voyelles absentes. Or tous ceux qui ont la moindre notion d'hébreu et d'arabe se sont plaints de la confusion, du casse-tête que produit cette apparente simplicité. Et rien n'aura réduit le nombre des étudiants et des connaisseurs en ces langues, comme cette orthographe obscure, hérissée, où chaque mot est une énigme à plusieurs sens et où le lecteur ne comprend pleinement une phrase que si d'avance il connaît le sens général, les noms propres et les formules habituelles à l'écrivain.

Observons bien d'ailleurs que la commission de linguistes et de phonéticiens réclamée par M. Brunot n'a pas plus de compétence ici qu'une commission de musiciens ou de chimistes. Et je ne vois pas à vrai dire quelle commission de savants aurait la compétence en ces matières qui sont de la vie courante, changeante, individuelle. C'est un devoir de l'État d'intervenir, disent les simplificateurs :

« Dès lors qui ne voit qu'il y a là des intérêts d'État, et que par suite il devient du devoir de l'État d'intervenir ? L'État est, comme les artistes, autant qu'eux, intéressé à en [de la langue] garder, à en protéger, à en augmenter, s'il se peut, la beauté, puisque nul n'ignore que là est une des raisons principales de son ascendant, mais il ne peut négliger de se demander si elle ne se fait pas inutilement difficile d'accès, si elle ne se retranche pas par là des succès qu'il lui serait aisé d'obtenir, si d'inutiles complications dont on la hérisse ne sont pas un obstacle au dessein qu'il poursuit d'assurer à tous, autant que possible, la possession de cet instrument indispensable à l'échange des idées, à la culture de l'esprit, au développement même des intérêts matériels. Là où cela est faisable, autant que cela est faisable, il doit donc et à la langue et à la nation de faire la police de notre idiome, comme il fait la police des poids et mesures.

J'ai hâte d'expliquer le mot police qui sonne mal, quoique tout le monde sache qu'un linguiste de profession, si étatiste qu'il puisse être par ailleurs, ne peut faillir sur ce point et attribuer à l'Etat des droits et un pouvoir qu'il n'a pas ; il n'est pas un apprenti dans l'étude des langues à qui l'idée de cultiver la langue, de la transformer ou même de la modifier « par voie administrative » ne parût une chose bouffonne, puisque nous savons, puisque nous enseignons que la fonction du langage est une fonction naturelle, inconsciente, qui s'exerce sans que même le consentement de l'individu puisse en renoncer la liberté inaliénable. Quelqu'un le voûlut-il, que la nature qui agit obscurément mais nécessairement en lui ne s'y résoudrait pas. A chaque jour, à chaque heure, elle use de cette liberté pour modifier à notre insu notre langage. Nous avons beau nous étudier à le conserver, nous en altérons sans cesse les sons, les mots, les tours, suivant des lois que nous ignorons, mais que la science observe et établit, et qui dirigent dans l'harmonie toutes les transformations vers une fin dont aucune puissance, aucune volonté ne pourrait nous détourner.

Ce que pendant un temps l'autorité obtient, nous le savons, c'est une soumission appparente...

S'imaginer le contraire est une vieille erreur, où l'esprit de domination de Richelieu pouvait tomber, mais où les premiers académiciens eux-mêmes ne tombèrent pas. »

Est-il possible de mieux dire? mais est-il possible, par contre, de mieux parler contre les projets ministériels des simplificateurs, contre leurs adjurations au bras séculier de trancher une querelle où la liberté individuelle ne saurait être guidée que par le choix de tous, où ce n'est pas une Commission ni même une Académie qui a droit et pouvoir de décision, mais où le suffrage universel, en quelque façon, des générations *présentes et passées* crée cette règle traditionnelle, omnipotente, et admirable de l'usage?

***

S'il y a dans notre orthographe actuelle des bizarreries, des anomalies, des fantaisies choquantes à l'excès, notez-les, cataloguez-les, signalez-les à l'ironie ou au bon sens populaires; quelques années de libre discussion amèneront, comme toujours, le triomphe de cet invincible bon sens; l'orthographe se régularisera et se réformera dès lors par la collaboration de tous, et non par le caprice scientifique de quelques-uns. Signalez à l'usage les réformes à faire, et l'usage les fera, sous le régime et avec la sanction de la liberté.

L'esprit qui anime les réformistes révolutionnaires est respectable et généreux, sans doute. Seulement il faut craindre de quitter la proie pour l'ombre, et d'aller à l'encontre de la civilisation française tout entière sous prétexte d'un chimérique avantage que l'on donnerait aux enfants des écoles communales. Prenons garde que la raison tyrannique ne nous jette ici dans quelque extravagance, et n'oublions point cette formule du regretté L. Duvau, — qui fut pourtant un éminent linguiste, lui aussi, — citée par M. L. Meillet qui est un autre linguiste de marque : « Il n'est rien que ne puisse la logique, si ce n'est peut-être se rencontrer avec la vérité » (1).

Aucun esprit sensé ne saurait s'opposer à ce qu'on régularise très prudemment l'orthographe, dans la mesure où le voudra faire quiconque aime et respecte profondément notre langue, les chefs-d'œuvre qu'elle a produits, la longue et vénérable tradition qu'elle prolonge. Mais ne perdons pas de vue que nous avons, entre plusieurs devoirs nationaux, celui de maintenir dans toute sa beauté plastique et son intégrité la langue qui a fait notre incontestable suprématie en Europe, par le charme, par l'éloquence, par l'enthousiasme, par la grâce et surtout par *la clarté*. Primant tout autre souci, nous avons celui de rester le plus grand peuple

(1) *Mém. de la Société de linguistique de Paris*, t. XIII, fasc. 4.

« écrivain » du monde. Cramponnons-nous donc à nos ancêtres, et tâchons de les égaler, de nous montrer dignes d'eux. La nécessité pour la France de demeurer inimitable passe l'intérêt qu'il peut y avoir à ce que les candidats au *Louvre* et au *Bon Marché* commettent ou non des fautes d'orthographe. Avant de travailler pour la logique ou la raison, il faut que nous travaillions pour la gloire littéraire de notre pays, dût M. Brunot railler cette pensée revêtue, je l'avoue, de ce qu'il nomme si dédaigneusement un « badigeon tricolore » !

IMP. RÉPESSÉ-CRÉPEL ET FILS, ARRAS

www.ingramcontent.com/pod-product-compliance
Ingram Content Group UK Ltd.
Pitfield, Milton Keynes, MK11 3LW, UK
UKHW021227230726
13926UKWH00003B/1281

9 782014 047813